樋口愉美子

つながる

センターテーブルクロス
page 101

樋口愉美子

つながる 刺繍

Yumiko
Higuchi

文化出版局

One Line Flowers

一輪ざ模〈ポタニカルフラワー〉／実物大図案※図 B里

はじめに

>>>>>>>>>>>>>>>>>>>>>>>

この本はつながりの図案集です。

刺繍は糸を使ったつながりの表現。
ひと針ひと針がつながって、想いや愉しみを巡らし、
ゆったりとした時間の中で育む心地よいアート。
私はそんな気持ちでいつも刺繍をしています。

大好きな家族や友達のことから、
日々の暮らし、週末の予定、次の旅行の計画、
街並み、森の緑、空に広がる雲。

たくさんの愉しいことを想像して、
針と糸と生地との対話の中から
さまざまなつながりの図案ができ上がりました。

この本を通じて世界中のかたがたとさらにつながり、
大きな幸せの図案として広がる未来を、
皆さんといっしょにつくれたら嬉しいです。

樋口 愉美子

Contents

時計
page 81

軽やかにリズムを刻む気分で、
文字盤一面に刺繍を施した作品です。

飾るだけでキッチンが明るくなるミトンのデザイン。
右手用に仕立てています。

ポーチ

page 83

女の子に贈るサニタリーケースをイメージして
仕立てました。

リボンをふんだんにあしらったリネンのギフトケース。
あえてシックな色合せで。

19

横長ポーチ
page 85

ふたの部分に木馬が連なる、豪華な刺繍ポーチです。
特別なシーンにしのばせて。

プランターカバー
page 86

ぐるりと刺繍がつながる、
どこから見てもかわいいカバー。
つり下げて飾ることもできます。

コースター
page 87

図案のヘキサゴンを生かした多角形デザイン。
小さくても存在感を放ちます。

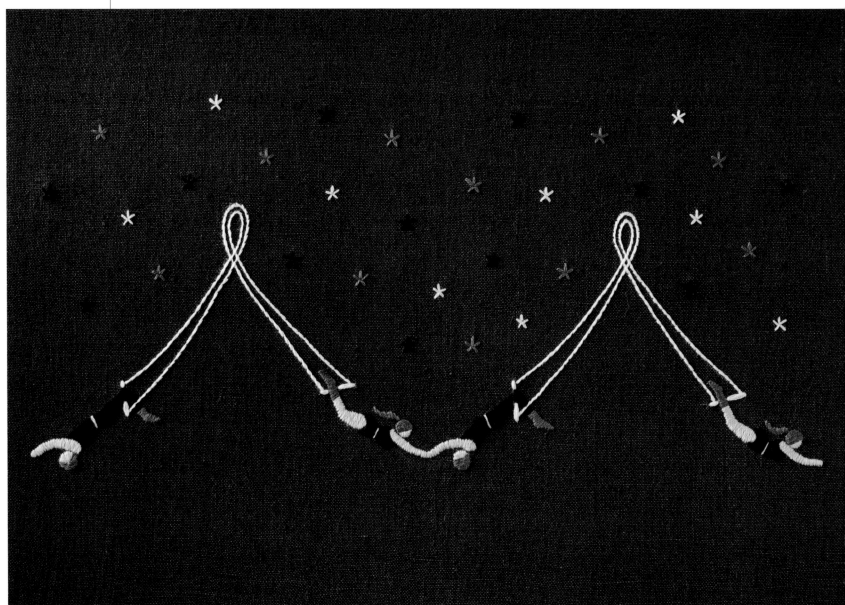

ハンガーカバー
page 88

クローゼットを開けるのが楽しくなる、
特別なハンガーカバーです。

27

ミニポシェット
page 90

1本どりの繊細な糸で刺しつないだ図案を
小さなポシェットに仕立てました。

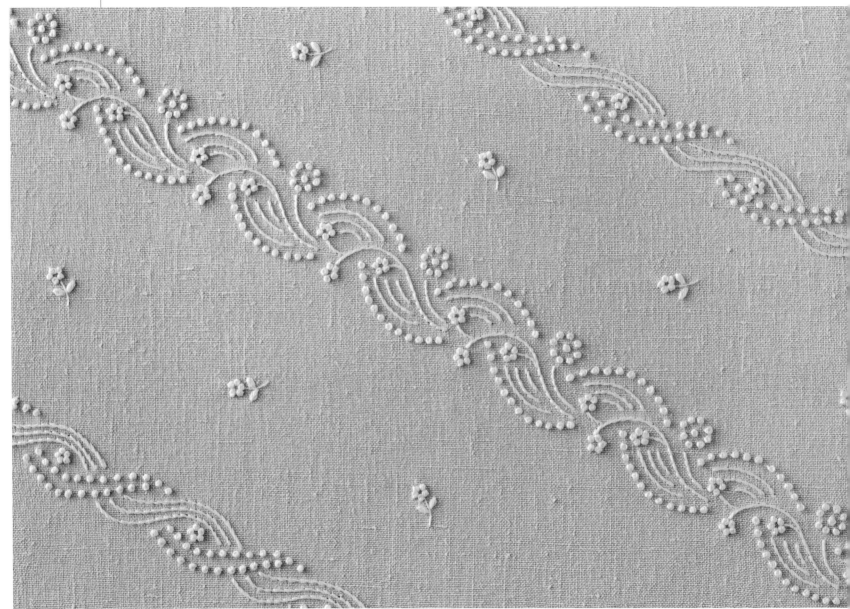

ミニクッション
page 91

寄せては返す波を、海面に散る花に見立てたパターンです。
インテリアに映えます。

好みの家をあしらって仕立ててみては。
内側のキーリングに鍵をつけることができます。

ブックカバー＆しおり

page 93

紅葉の街路樹をパターンに。
カバーは文庫本がぴったり収まるサイズです。

王冠
page 94

植物のパターンを緻密にあしらった、
やわらかなリネンの冠。後ろをリボンで結びます。

つけ衿
page 94

小花を散らしたクリーンで可憐なつけ衿。
おとなサイズのパターンで仕立てています。

ショルダーバッグ
page 95

図案は線だけ生かした1色刺繍のアレンジ。
グラフィカルなバラが際立ちます。

巾着
page 96

底のスカラップデザインがポイント。
上下逆さにしてもかわいい図案になっています。

布の箱

page 97

ふたの側面までぎゅっとステッチを詰めた小さな刺繍の箱。
何を入れましょうか。

ブレスレット

page 98

ずっとつけていても肌なじみのよい、
やわらかな布ブレスレットです。

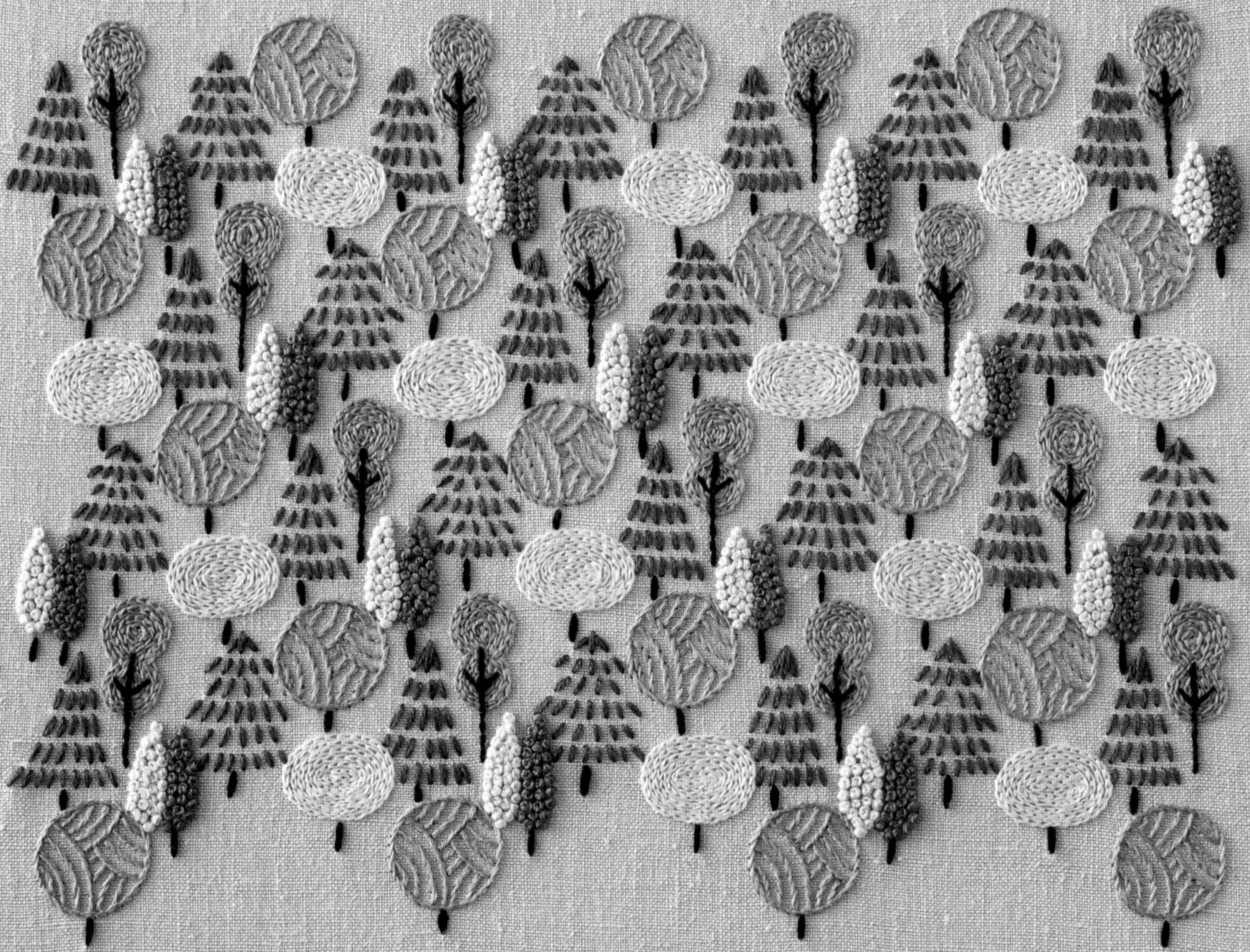

山形ティーコーゼ

page 99

テーブルに小さな山！　なかわいいティーコーゼ。
大きめのポットもすっぽり収まります。

ミニバスケット
page 100

卵が先か、鶏が先か……眺めているだけで
楽しい気分になるアイテムです。

道具のこと | Tools

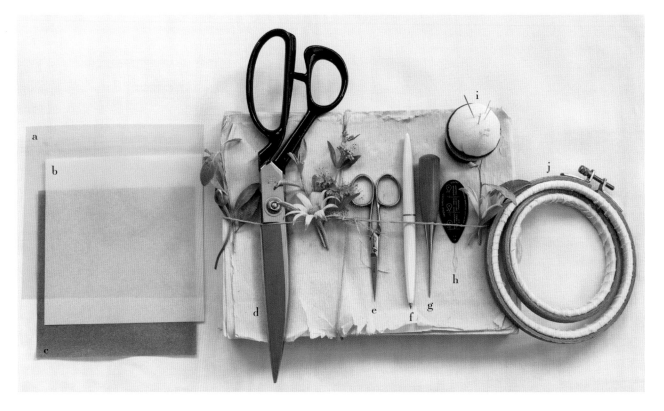

a セロファン
トレーシングペーパーが破れないよう、図案を布地に写すときに使います。

b トレーシングペーパー
図案を写すための薄い紙。

c チョークペーパー
図案を布地に写すための複写紙。黒など濃色の布地に写す場合は白いものを使います。

d 裁ちばさみ
切れ味のよい布専用のはさみを用意しましょう。

e 糸切りばさみ
先のとがった刃の薄いタイプが使いやすいでしょう。

f トレーサー
図案をなぞって布地に写すときに使用します。ボールペンなどで代用可能です。

g 目打ち
刺し直しをしたいとき、糸をほどくのにあると便利です。

h 糸通し
糸を針穴に通すときにあると便利です。

i 針 & ピンクッション
針穴が細長い、フランス刺繍用の針を使います。糸の本数によって適した太さがあります。

j 刺繍枠
布をピンと張るための枠。持ったときに中央まで指が届くくらいの、直径10cm程度の小さめのものがおすすめです。大きめの図案は刺繍枠をずらしながら刺しましょう。
布を刺繍枠に張る際は、とめ具をしっかり締めます。締め方がゆるいと、布がたるんで余計なシワができてしまうことも。また、ひと手間かけて、バイアスに裁った白い布を内枠に巻いておけば、布がゆるみにくくなります。

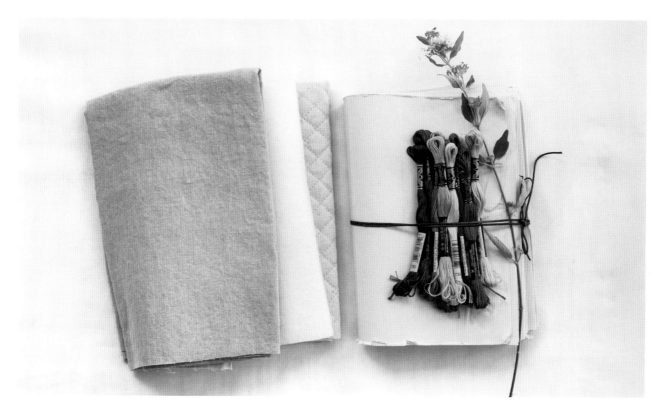

刺繡糸

この本に掲載している作品はすべて、25番刺繡糸で刺繡しています。刺繡糸の中で最もポピュラーな6本どりの糸。メーカーはフランスのDMCで、鮮やかな発色と艶のある質感が美しい刺繡糸です。

布

作品はリネンに刺繡しています。平織りの布は刺繡しやすく、洗濯ができ、手ざわりもよいので、刺繡を楽しむのにぴったり。リネンは生地を裁つ前に水通し、布目が均等になるよう整えてから陰干しします。乾ききらないうちに優しく押さえるようにアイロンをかけるとよいでしょう。また、キッチンミトンなどの雑貨作品では、クッション性のある裏地としてキルティング地を活用しています。

キルト芯

ふんわり、厚みのある仕上がりにしたい雑貨作品には、片面接着キルト芯を中わたとして使用しています。布の裏側にアイロンで接着します。

糸どりと針の目安

糸の本数によって針を替えると、とても刺しやすくなります。布の厚さによっても変わります。

25番刺繡糸	刺繡針
6本どり	3・4号
3・4本どり	5・6号
1・2本どり	7〜10号

＊針はクロバーのもの

ステッチと刺繡の基本 | 本書で使用している9種類のステッチと美しく仕上げるための刺繡のコツをまとめました。

Straight stitch
ストレート・ステッチ

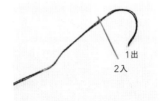

短い線を描くときのステッチ。
糸の本数によって表情が変わります。

Running stitch
ランニング・ステッチ

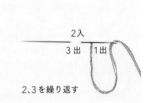

点線を描くステッチ。
並縫いの要領で刺します。

Outline stitch
アウトライン・ステッチ

縁とりや茎、枝などを表現します。
カーブでは細かめに刺すと
きれいに仕上がります。

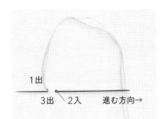

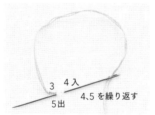

Chain stitch
チェーン・ステッチ

鎖形をつないで線や面を表現します。
糸を強く引きすぎずに、ふっくらとさせて
大きさをそろえるのがコツです。

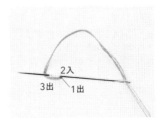

Point
面を刺し埋める際は、
すきまをつくらないようにする

French knot stitch

フレンチナッツ・ステッチ

基本は2回巻き。
大きさは糸の本数で調整を。
つぶれやすいので、仕上げに刺します。

糸を2度かける

1出

かけた糸を指で
押さえながら
2に入れるとよい

2入 1

2

糸を引く

指で押さえながら
針を布の裏に引く

Satin stitch

サテン・ステッチ

糸を平行に渡して、面を埋めるステッチ。
糸のよれをとって、
糸並みをそろえて刺すときれいです。

1出

2入

1、2を
繰り返す

Long and short stitch

ロング＆ショート・ステッチ

長短のステッチを並べて、
面を埋めるステッチ。
扇形の花びらなどに使います。

1出

2入

3出

1

4入

2

5出

2 6入

長い、短いを
繰り返す

Lazy daisy stitch

レゼーデージー・ステッチ

小花の花びらや葉など
小さな模様を描くときのステッチ。
糸を引きすぎず、ふっくらと刺します。

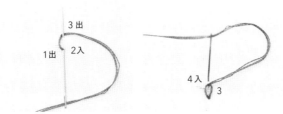

Lazy daisy stitch + Straight stitch

レゼーデージー・ステッチ＋ストレート・ステッチ

レゼーデージーの中央に糸を1、2回渡して、
ボリューム感のあるだ円を表現します。
糸の本数で大きさを調整します。

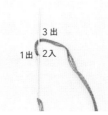

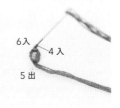

チェーン・ステッチのコツ
[面を埋める①]

すきまなく刺し埋めると
美しくなります。

1 図案の輪郭線を刺す。

2 刺した輪郭にそわせながら、
内側へと刺し進める。すきま
があいてしまったら、最後に
その部分だけチェーン・ステ
ッチやアウトライン・ステッ
チで刺し埋める。

チェーン・ステッチのコツ
[面を埋める②]

輪郭線が内側にもある場合の
刺し方です。

1 図案の外側と内側の輪郭線を
刺す。

2 内側の輪郭にそわせながら刺
し、外側に向かって刺し進め
る。

チェーン・ステッチのコツ
[角を美しく描く]

チェーン・ステッチで角まできたら
一度刺し終えて、角度を変えて
次の辺を刺すようにします。

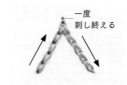

チェーン・ステッチのコツ
[円を美しく描く]

刺し終りの鎖を刺す際に、
刺し始めの鎖に糸をくぐらせると、
輪郭がきれいにつながります。

アウトライン・ステッチのコツ
[カーブを美しく描く]

1針進んで半針戻る、を繰り返します。
カーブでは針目を細かくするのが
コツです。

OK
半針戻る際は手前の針穴から針を出す

（表）　（裏）

NG
針目が大きかったり、半針戻らなかったりすると線が不安定に

（表）　（裏）

アウトライン・ステッチのコツ
[角を美しく描く]

アウトライン・ステッチで直角
（またはそれに近い角度）を描く際は、
角に針を入れたら裏側のステッチに
針をくぐらせて糸が抜けないように
します。

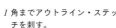
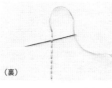
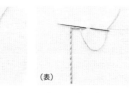

（表）　（裏）　（裏）　（表）

1 角までアウトライン・ステッ
チを刺す。

2 角に針を入れたら、裏側の針
目に針をくぐらせる。

3 角から表に針を出す。

4 次の辺を刺し進める。

[図案の写し方①]

布地に図案を写す際は、
布をアイロンで整えてから、
布目が斜めにならないよう、
図案をたて糸とよこ糸にそって
配置します。

1 図案にトレーシングペーパーをのせ、
写す。

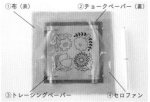

① 布（表）　②チョークペーパー（裏）
③トレーシングペーパー　④セロファン

2 写真の順に重ね、まち針でとめてから、
トレーサーで図案をなぞる。

窓に透かして……
ライトテーブルの代わりに、窓で図案を透かして写しとる
こともできます。その際は、*1* のトレーシングペーパーと
布をマスキングテープで窓に貼りとめ、透かしましょう。

[図案の写し方②]

大きな図案を写すのに便利な
ライトテーブルを使った方法
です。厚手や濃い色の布は透
けないので①の方法で行ない
ます。

1 透けやすい太めのサインペン（黒）を
使い、トレーシングペーパーに図案を
写す。

布（裏）
図案（裏）

2 布と *1* を写真の向きで重ね、まち針で
とめる。

熱で消えるペンは細めのサイン
ペンタイプがおすすめ。ボール
ペンタイプは布目にひっかかり
書きにくい。

3 ライトテーブルの上に *2* を、表を上にし
ておき、熱で消えるペンでなぞって布に
写しとる。

[糸の扱い方①]

25番刺繍糸の場合、
指定の本数を1本ずつ引き出し、
そろえて使いましょう。
よれがとれ、
糸並みがそろいます。

1 束の内側にある糸端を指でつ
まんで、60cm程度引き出し
て糸を切る。

2 1本ずつ必要本数を引き出し
て、引きそろえる。

[糸の扱い方②]

必要な本数の糸をそろえたら
針穴に通しますが、
偶数本と奇数本で
本数のとり方が異なります。

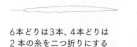

6本どりは3本、4本どりは
2本の糸を二つ折りにする

偶数本の場合：2本どりの際は
1本の糸を針に通し、二つ折り
にして両端を合わせ、玉結びす
る。

奇数本の場合：必要な本数をそ
のまま引きそろえ、針に通し、
片端に玉結びする。

[玉結び]

刺し始めの際は糸端に結び玉を作ります。

1 針に糸を通したら、糸端に針先を重ねる。

2 針先に糸を2回巻く。

3 糸を巻いた部分を指先で挟んで押さえながら、針を引き抜き、そのまま結び玉が糸端にいくまで引く。

[刺し始め①]

チェーン・ステッチやアウトライン・ステッチなど線を描くステッチの始めの処理です。

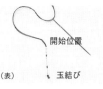 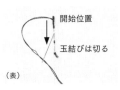

1 ステッチの開始位置に向かって、図案線上に半返し縫いで数目刺したら、開始位置から糸を出す。

2 1の針目に重ねるように指定のステッチを進め、玉結びは切る。

[刺し始め②]

サテン・ステッチ、ロング＆ショート・ステッチなど面を埋めるステッチの始めの処理です。

1 ステッチの開始位置に向かって、図案線内に半返し縫いで数目刺したら、開始位置から糸を出す。

2 1の針目をおおうように指定のステッチを進め、玉結びは切る。

[刺し終り①]

チェーン・ステッチやアウトライン・ステッチなど線を描くステッチの終りの処理です。

 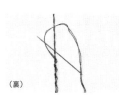

1 裏面に糸を出し、ステッチに糸を通す。

2 ステッチに糸を数回からめたら、糸を切る。

[刺し終り②]

サテン・ステッチ、ロング＆ショート・ステッチなど面を埋めるステッチの終りの処理です。

 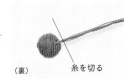

1 裏面に糸を出し、ステッチの下に糸を通して出したら、再度返す。

2 糸を切る。

[糸替えなどのとき]

糸替えや、
茎から枝を出すときなど、
すでにステッチがある場合の
再スタートの処理です。

（裏）

玉結びをした糸を裏面にあるス
テッチにからめ、開始位置から
糸を出す。玉結びは後で切る。

[作品が完成したら]

作品ができ上がったら
丁寧に後処理をしましょう。
作品の見栄えがぐっとよくなります。

1 図案の印を消す

布の裏側から霧吹きをかけ、ス
テッチからはみ出た印を消す
（水で消えるタイプの場合）。細
かい部分は水をつけた綿棒で濡
らすとよい。

2 アイロンを当てる

印が消えたのを確認してから、
裏から優しくアイロンを当てる。
立体的なステッチはつぶれやす
いので、作品の下にタオルを敷
いて上からアイロンを当てると
よい。印が残ったままアイロン
を当てるとインクが定着するの
で注意！

雑貨作りのコツ
[カーブの縫い代の処理]

縫い代の処理をしていると、
表に返したときに、
布がつれずカーブの形が
きれいに出ます。

カーブになっている部分の縫い
代は、表に返す前に、縫い代に
等間隔で切込みを入れる。その
とき、縫い目の糸まで切らない
ように注意する。

雑貨作りのコツ
[コの字とじ]

返し口などを縫いとじる際に、
縫い目が少ししか表に出ず、
きれいに仕上がる縫い方です。

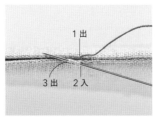

1 出
3 出　2 入

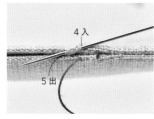

4 入
5 出

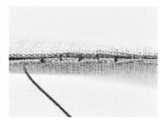

1 縫い目の際から針を出し、まっすぐ
下の位置からもう1枚の布に針を入れ、
1目すくう。

2 1と同じ要領で、まっすぐ上の位置に
針を入れ、1目すくう。

3 1、2を繰り返し、コの字を描くよう
に縫い合わせる。

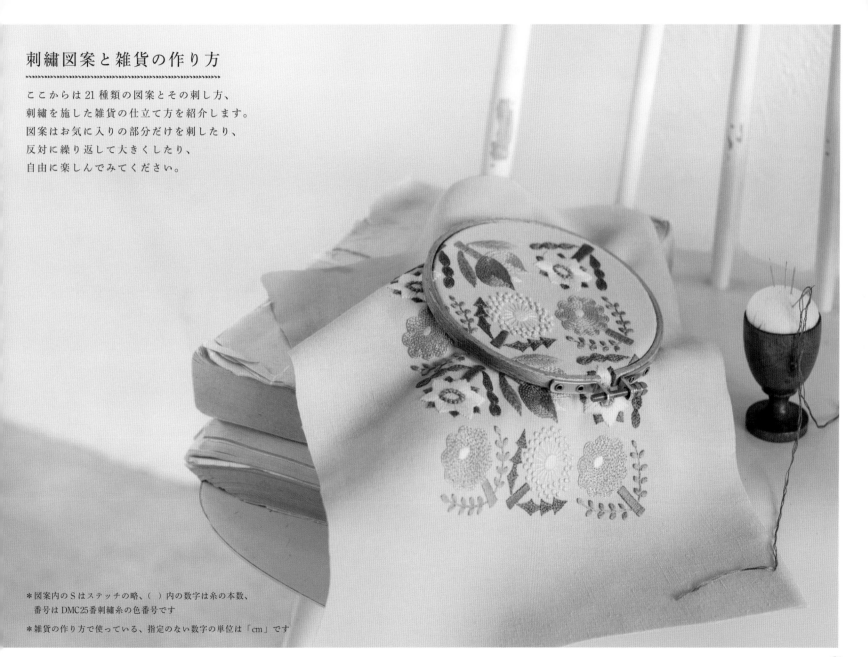

刺繍図案と雑貨の作り方

ここからは21種類の図案とその刺し方、
刺繍を施した雑貨の仕立て方を紹介します。
図案はお気に入りの部分だけを刺したり、
反対に繰り返して大きくしたり、
自由に楽しんでみてください。

*図案内のSはステッチの略、（ ）内の数字は糸の本数、
　番号はDMC25番刺繍糸の色番号です

*雑貨の作り方で使っている、指定のない数字の単位は「cm」です

Song

歌（page 12）

◎DMC25番刺繍糸－168,640,920,950,3051,3768,3778
＊指定以外の丸印はフレンチナッツS、そのほかの指定の
　ないところはストレートS
＊指定以外は4本どり
＊（　）の中の数字は本数

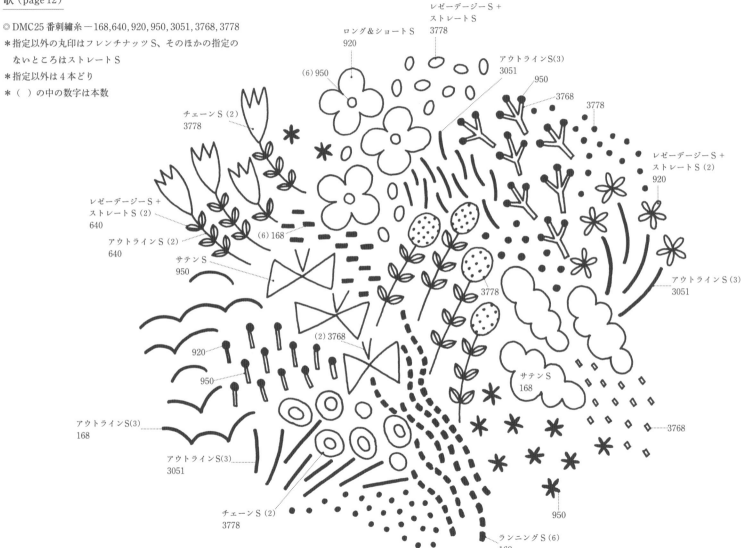

ロング＆ショートS
920

(6) 950

チェーンS（2）
3778

レゼーデージーS＋
ストレートS
3778

アウトラインS（3）
3051

950

3768

3778

レゼーデージーS＋
ストレートS
640

アウトラインS（2）
640

サテンS
950

(6) 168

3778

レゼーデージーS＋
ストレートS（2）
920

アウトラインS（3）
3051

サテンS
168

920

950

(2) 3768

3768

アウトラインS（3）
168

アウトラインS（3）
3051

チェーンS（2）
3778

950

ランニングS（6）
168

Apple life cycle

リンゴの一生（page 14）

◎ DMC25番刺繍糸—ecru, 22, 168, 169, 310, 898

＊太い線の茎はアウトラインＳ（4）898、そのほかの指定以外はチェーンＳ（2）

＊指定以外は2本どり

＊（ ）の中の数字は本数

フレンチナッツＳ（6）
22

ロング＆ショートＳ（4）
ecru

サテンＳ（4）
22

チェーンＳの上から
サテンＳ（4）
169

ecru

ecru

チェーンＳの上から
ストレートＳ（4）
310

ストレートＳ
ecru

アウトラインＳ
168

898

22

レゼーデージーＳ＋
ストレートＳ（4）
169

ストレートＳ（4）
310

アウトラインＳ（1）
898

ストレートＳ
168

Girl

おしゃべりな女の子（page 16）

◎ DMC25番刺繍糸－733, 829, 932, 950, 3042, 3832, 3850

＊指定以外はチェーンS（2）

＊指定以外は2本どり

＊（ ）の中の数字は本数

ストレートS（4）
733

サテンS（4）
932

フレンチナッツS
3832

アウトラインS（1）
3832
＊短い線はストレートS（1）

アウトラインS
829

3850

レゼーデージーS＋
ストレートS
3850

3042

ストレートS（4）
733

ストレートS
829

950

服のチェーンSの上から
フレンチナッツS（4）
829

サテンS（4）
829

フレンチナッツS（6）
950

サテンS（4）
3832

3832

64

Ribbon

リボン（page 18）

◎ DMC25番刺繍糸―01, 04, 150, 3687
＊すべてアウトラインＳ２本どり

Merry-go-round

メリーゴーラウンド（page 20）

◎ DMC25番刺繍糸―224, 310, 501, 611, 645, 733, 932, 3865
＊指定以外はアウトラインS
＊指定以外は2本どり
＊（ ）の中の数字は本数

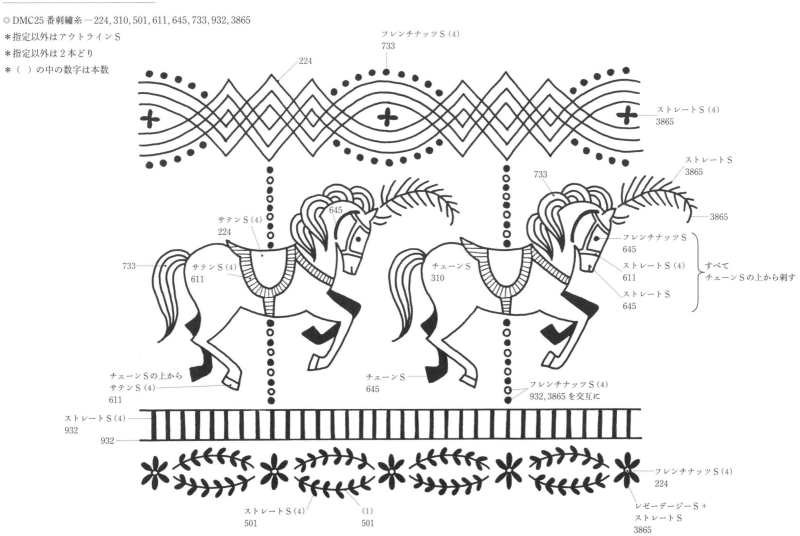

フレンチナッツS（4）
733

224

ストレートS（4）
3865

ストレートS
3865

733

3865

サテンS（4）
224

645

フレンチナッツS
645

733

サテンS（4）
611

チェーンS
310

ストレートS（4）
611

ストレートS
645

すべて
チェーンSの上から刺す

チェーンSの上から
サテンS（4）
611

チェーンS
645

フレンチナッツS（4）
932, 3865を交互に

ストレートS（4）
932

932

フレンチナッツS（4）
224

ストレートS（4）
501

（1）
501

レゼーデージーS＋
ストレートS
3865

66

Soil and roots

土と根（page 22）

◎ DMC25番刺繡糸
　　−310, 319, 502, 833, 986, 3033,
　　3363, 3790, 3865
＊指定以外はアウトラインS
＊指定以外は2本どり
＊（　）の中の数字は本数

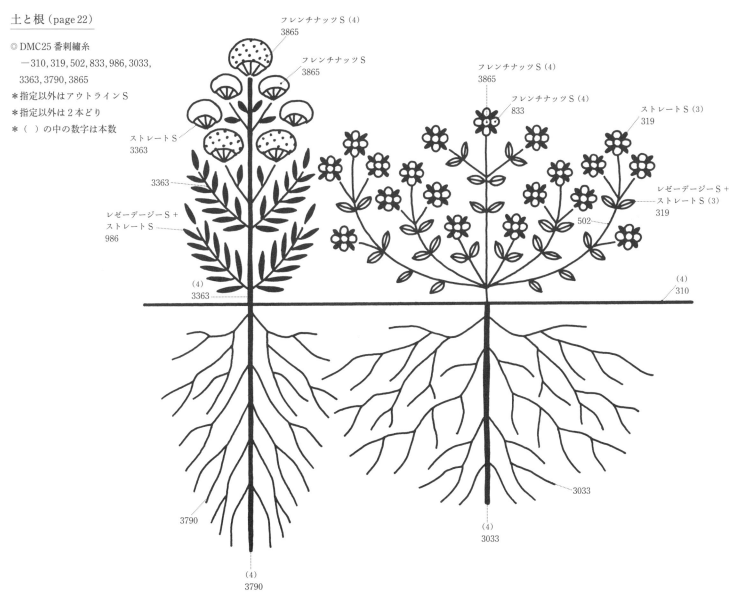

フレンチナッツS（4）
3865

フレンチナッツS
3865

フレンチナッツS（4）
3865

フレンチナッツS（4）
833

ストレートS（3）
319

ストレートS
3363

3363

レゼーデージーS＋
ストレートS
986

レゼーデージーS＋
ストレートS（3）
319

502

（4）
3363

（4）
310

3033

3790

（4）
3033

（4）
3790

Flower hexagon

フラワーヘキサゴン（page 24）

◎ DMC 25 番刺繍糸

　－310, 319, 739, 832, 986（コースターは 739 を 3782 に替える）

＊（　）の中の数字は本数

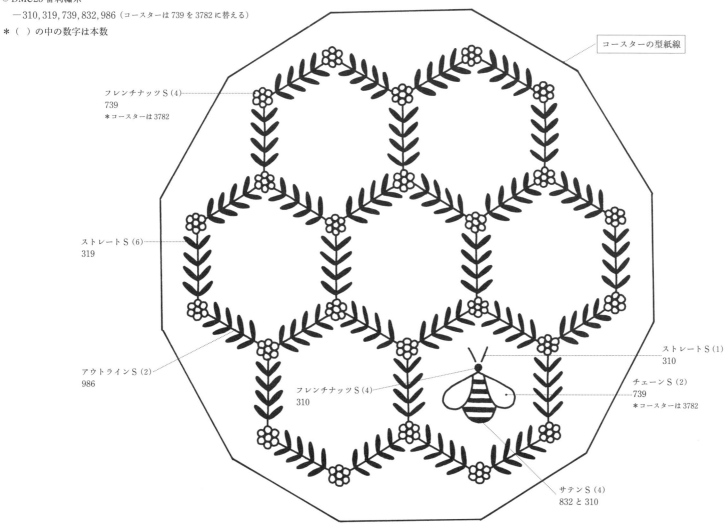

コースターの型紙線

フレンチナッツ S（4）
739
＊コースターは 3782

ストレート S（6）
319

アウトライン S（2）
986

フレンチナッツ S（4）
310

ストレート S（1）
310

チェーン S（2）
739
＊コースターは 3782

サテン S（4）
832 と 310

Circus

サーカス（page 26）

◎ DMC25番刺繍糸－310, 829, 950, 3865

＊指定以外はサテンS（3）

＊（ ）の中の数字は本数

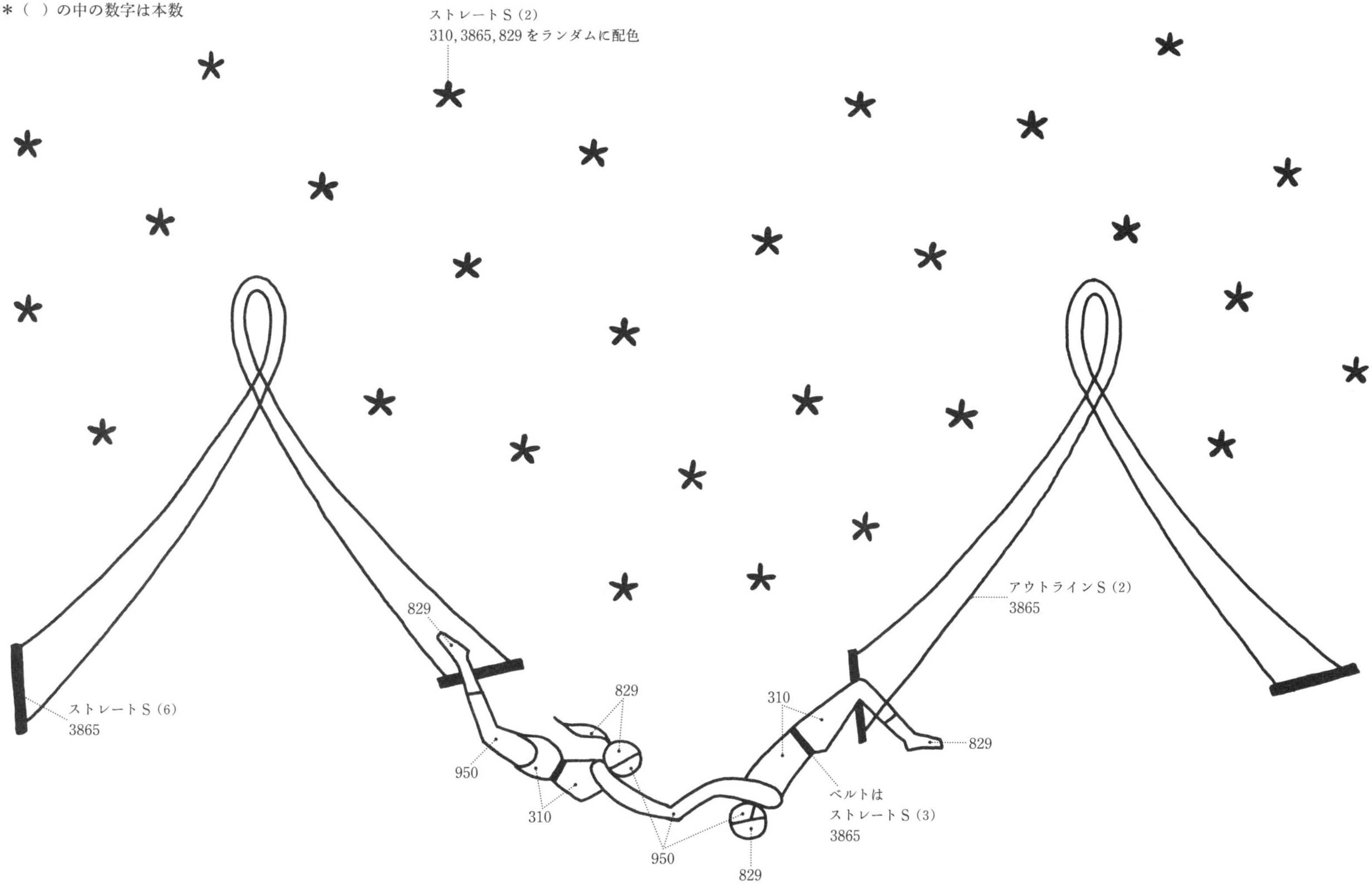

ストレートS（2）
310, 3865, 829 をランダムに配色

アウトラインS（2）
3865

ストレートS（6）
3865

829

829

950

310

310

950

829

310

829

ベルトは
ストレートS（3）
3865

Light

光（page 28）

◎ DMC25番刺繍糸 ― 310, 3866

（ミニポシェットは3866を05に替える）

＊指定以外はチェーンS（1）3866

＊指定のないステッチは3866 1本どり

＊（　）の中の数字は本数

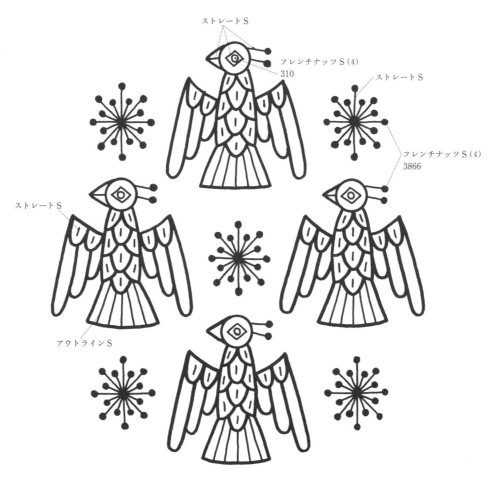

ストレートS

フレンチナッツS（4）
310

ストレートS

フレンチナッツS（4）
3866

ストレートS

アウトラインS

Wave

波（page 30）

◎ DMC25番刺繍糸—ecru

＊指定以外はアウトラインＳ（2）

＊（　）の中の数字は本数

レゼーデージーＳ＋
ストレートＳ（2）

アウトラインＳ（1）

フレンチナッツＳ（4）

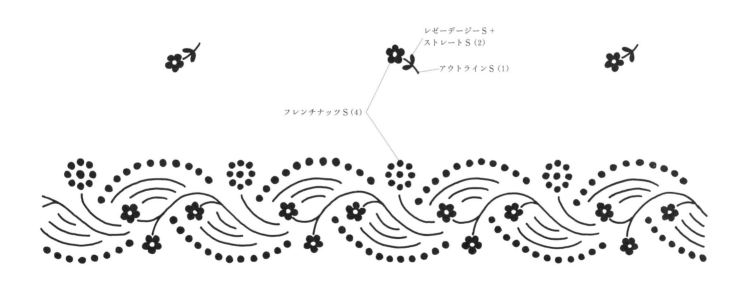

Houses

家（page 32）

◎ DMC25番刺繍糸－733, 3866

（キーケースは星を3866、家を310に替える）

＊指定以外はアウトラインＳ（1）3866

＊（　）の中の数字は本数

ストレートＳ（2）
733

フレンチナッツＳ（2）
3866

短い線は
ストレートＳ（2）
3866

ストレートＳ（2）
3866

ストレートＳ（1）
3866

太い線は
アウトラインＳ（2）
3866

Road

道（page 34）

◎ DMC25 番刺繍糸—823, 840, 918, 3866
＊指定以外はアウトラインS（2）
＊（　）の中の数字は本数

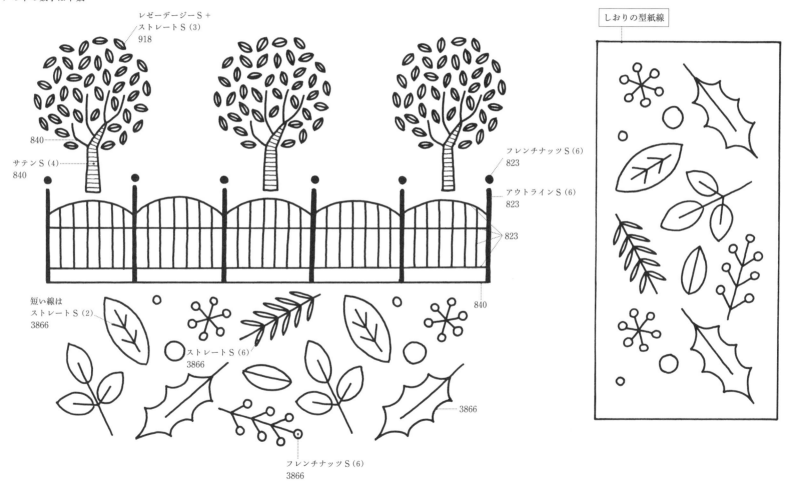

レゼーデージーS ＋
ストレートS（3）
918

しおりの型紙線

840

サテンS（4）
840

フレンチナッツS（6）
823

アウトラインS（6）
823

823

短い線は
ストレートS（2）
3866

840

ストレートS（6）
3866

3866

フレンチナッツS（6）
3866

73

Crown

植物の王冠（page 36）

◎ DMC25番刺繍糸 － 739, 833, 869, 895, 3346
＊指定以外はアウトライン S（2）
＊（ ）の中の数字は本数

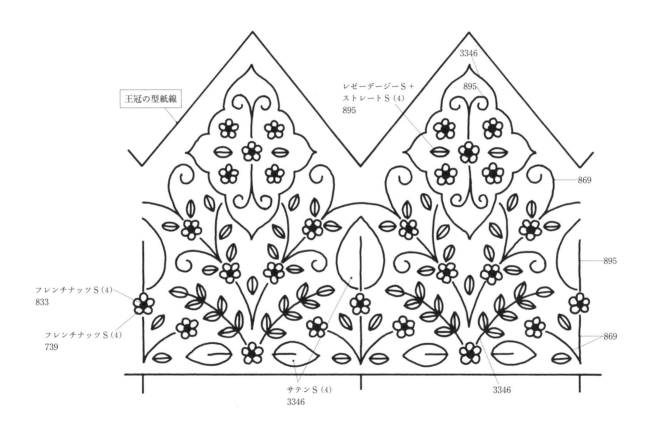

王冠の型紙線

レゼーデージー S ＋
ストレート S（4）
895

3346

895

869

895

フレンチナッツ S（4）
833

フレンチナッツ S（4）
739

869

サテン S（4）
3346

3346

Blessed flower

祝福の花（page 38）

◎ DMC25番刺繍糸ー522, 600, 834, 904, 962, 986, 3755, 3847, 3865

＊指定以外はアウトラインS

＊（ ）の中の数字は本数

フレンチナッツS（3）
3865

フレンチナッツS（2）
600

（2）
522

（1）
600

レゼーデージーS＋
ストレートS（3）
834

（1）
3847

レゼーデージーS＋
ストレートS（2）
3847

チェーンS（1）
986

フレンチナッツS（3）
834

ストレートS（1）
986

レゼーデージーS＋
ストレートS（3）
3865

（1）
522

フレンチナッツS（4）
3755

サテンS（4）
522

チェーンS（1）
986

（2）
986

チェーンS（1）
904

レゼーデージーS＋
ストレートS（3）
962

（2）
904

サテンS（4）
501

レゼーデージーS＋
ストレートS（4）
502

アウトラインS（2）
502

ロング＆ショートS（6）
3866
501

フレンチナッツS（6）
832

サテンS（4）
502

554

フレンチナッツS（6）
739

ロング＆ショートS（4）
501

サテンS（4）
739

ストレートS（2）
739

3755 739

931

サテンS（4）
502

501

サテンS（4）
501

Four seasons flower

四季の花（page 44）

◎ DMC25番刺繍糸ー501, 502, 554, 739, 832, 931, 3755, 3866

＊指定以外はチェーンS（2）

＊（ ）の中の数字は本数

Eden

エデン（page 40）

◎DMC25番刺繍糸─561, 840, 3033, 3722, 3799
　（ショルダーバッグはすべて3033）

＊図案の輪郭線は、チェーンS（2）3799、
　面はサテンS（6）で埋める

＊ショルダーバッグは面を埋めるステッチは省いて
　仕上げる

＊（　）の中の数字は本数

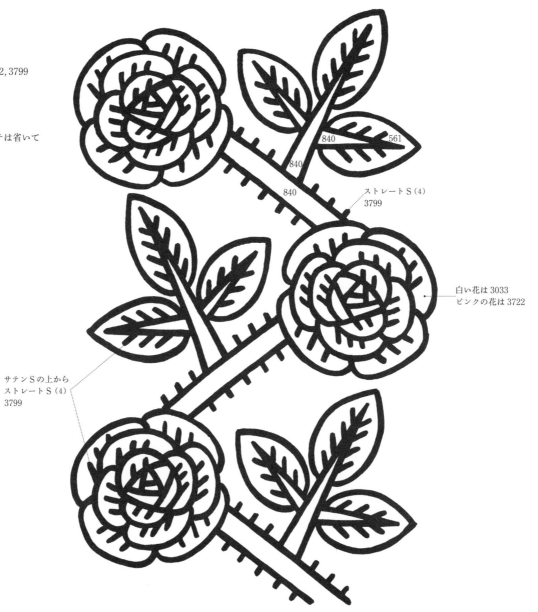

840

840

561

840

ストレートS（4）
3799

白い花は3033
ピンクの花は3722

サテンSの上から
ストレートS（4）
3799

Flower scale pattern

花の鱗模様（page 42）

◎ DMC25番刺繍糸—28, 223, 224, 500, 647, 3721, 3866
＊太い線はアウトラインS（3）647
＊指定以外は2本どり
＊（ ）の中の数字は本数

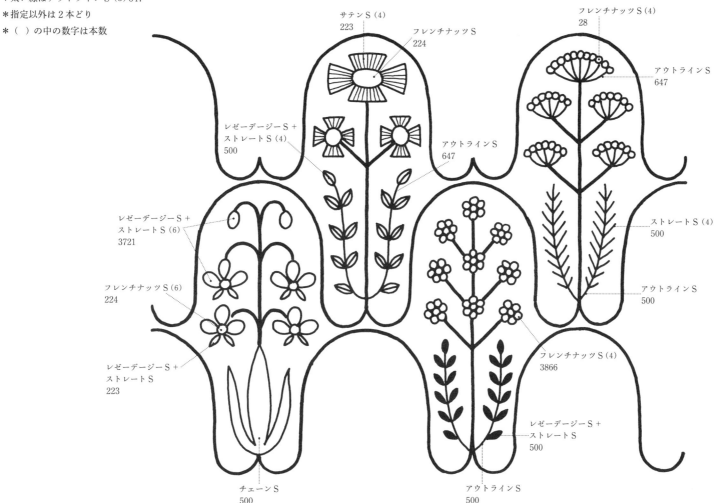

サテンS（4）
223

フレンチナッツS
224

フレンチナッツS（4）
28

アウトラインS
647

レゼーデージーS＋
ストレートS（4）
500

アウトラインS
647

レゼーデージーS＋
ストレートS（6）
3721

フレンチナッツS（6）
224

ストレートS（4）
500

アウトラインS
500

レゼーデージーS＋
ストレートS
223

フレンチナッツS（4）
3866

レゼーデージーS＋
ストレートS
500

チェーンS
500

アウトラインS
500

Ivy

蔦（page 46）

◎ DMC25番刺繡糸—3777（ブレスレットは610）

＊指定以外はアウトラインS（2）

＊（ ）の中の数字は本数

ブレスレットの型紙線

レゼーデージーS＋
ストレートS（3）

ストレートS（4）

中央の茎は
アウトラインS（4）

ブレスレットの
ひもつけ位置

フレンチナッツS（2）

フレンチナッツS（4）

チェーンS（2）

The trees

木々（page 48）

◎DMC25番刺繍糸—02, 310, 645, 924, 926
　（ティーコーゼはすべて3024）
＊指定以外は4本どり
＊ティーコーゼはストレートS（4）以外
　すべてアウトラインS（1）にする
＊（　）の中の数字は本数

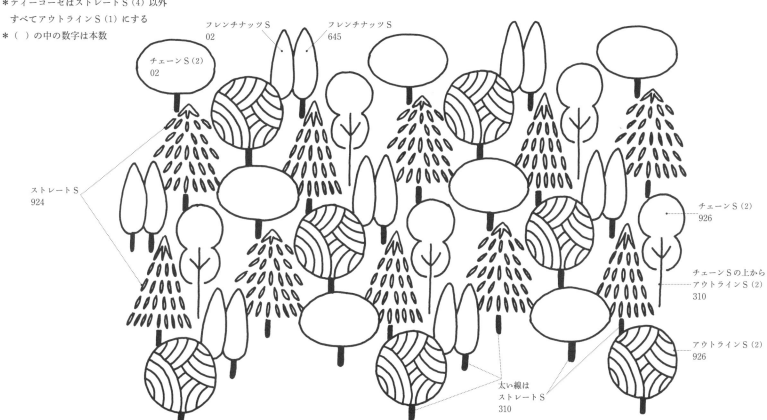

フレンチナッツS
02

フレンチナッツS
645

チェーンS（2）
02

ストレートS
924

チェーンS（2）
926

チェーンSの上から
アウトラインS（2）
310

アウトラインS（2）
926

太い線は
ストレートS
310

Chicken and egg

鶏と卵（page 50）

◎DMC25番刺繍糸—310, 520, 646, 733, 919, 3865
＊指定以外はサテンＳ
＊指定以外は2本どり
＊（　）の中の数字は本数

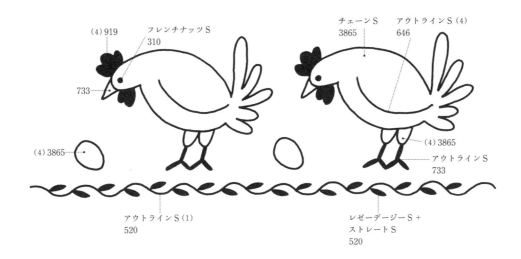

(4) 919　　フレンチナッツＳ
　　　　　　310

733

(4) 3865

アウトラインＳ（1）
520

チェーンＳ　　アウトラインＳ（4）
3865　　　　646

(4) 3865

アウトラインＳ
733

レゼーデージーＳ＋
ストレートＳ
520

Song

時計（page 13）

●仕上りサイズ　直径 21.5cm

◎DMC25 番刺繍糸
　168, 640, 920, 950, 3051, 3768, 3778 —各 1 束

●材料
　表布：リネン（赤）　35 × 35cm
　キルト芯　25 × 25cm
　手縫い糸（色はお好みで）　80cm くらい
　時計盤土台（木製丸型）直径 21.5cm ×厚み 1.3cm
　クウォーツムーブメント—1 個
　　＊ロングシャフト（時計盤土台 3〜19mm 用）を使用
　掛け金具—1 個
　ゴムパッキン—1 個
　文字盤固定ナット—1 個
　時計針（時針、分針、秒針）—各 1 個

●作り方

1

表布の表に図案（実物大型紙 A 面）を写し中心に印をつけ、刺繍をする（刺し方は p.62）。表布をアイロンで整えたら、時計盤土台を布の中心に合わせ、周囲に縫い代 6cm を足してぐるりと裁つ。そのときはピンキングばさみを使うとなおよい。

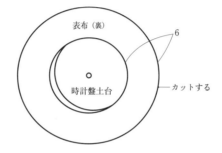

2

端から 2cm ほど内側を手縫い糸でぐし縫いする。糸と針はそのまま残しておく。

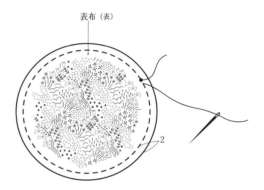

3

キルト芯を時計盤土台と同じ大きさに切っておく。表布の裏面に、キルト芯と時計盤土台を中心が合うように重ね置き、ぐし縫いの糸を強めに引いて布を絞りとめる。

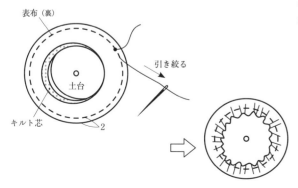

4

時計を図の順に組み立てる。表布の中心に小さく穴をあけ、掛け金具とゴムパッキンをつけたムーブメントを時計盤の中心の穴に通す。表面に文字盤固定ナットをつけて固定したら、時計針を順に差し込む。最後に電池を入れ、時刻をつまみで合わせる。

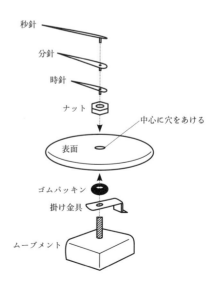

Apple life cycle

キッチンミトン（page 15）

●仕上りサイズ　18 × 28cm（右手用）

◎DMC25番刺繍糸
　ecru, 22, 168, 310, 898 — 各1束
　169 — 2束

●材料
　表布：リネン（水色）　40 × 50cm
　裏布：キルティング地（生成り）　40 × 50cm
　ループ布：リネン（水色）　10 × 4cm
　ミシン糸　（水色）適量

●作り方

1

ループ布をアイロンで押さえながら四つ折りにし、片端にミシンステッチをかける。

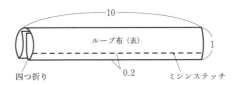

10
ループ布（表）
1
四つ折り　　0.2　　ミシンステッチ

2

表布の表に図案（実物大型紙A面）を写し、刺繍をする（刺し方は p.63）。表布をアイロンで整えたら裏に型紙線を写し、周囲に縫い代1cmを足して裁つ。表布はもう1枚用意する。裏布も同様に2枚裁つ。

表布（表）

刺繍する

3

2の表布を中表に合わせて、ループつけ位置に二つ折りにした1のループをわを内側向きにしてはさみ込み、底辺を残して周囲を縫い合わせる。縫い代は0.5cmほど残して切りそろえ、カーブの縫い代部分に切込みを入れる。裏布は、脇に返し口を残して同様に縫う。

> **キルティング地を裏地にするときは**
> キルティングは生地に厚みがあるので、表布と同じ大きさでカットすると、内側がたるんだ仕上りに。表布より少し大きさを控えて（0.2cmくらいが目安）縫うと、完成したときに形がきれいに整います。

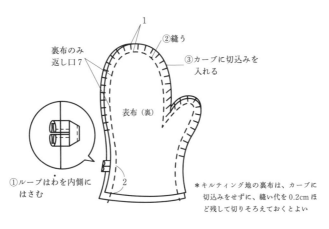

①ループはわを内側にはさむ

裏布のみ返し口 7
1
②縫う
③カーブに切込みを入れる
表布（裏）
2

＊キルティング地の裏布は、カーブに切込みをせずに、縫い代を0.2cmほど残して切りそろえておくとよい

4

3の裏布に表布を入れて中表に合わせ、底辺をぐるりと縫う。返し口から表に返し、アイロンで形を整えたら、返し口はコの字とじで縫いとじる。

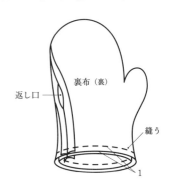

裏布（裏）
返し口
縫う
1

Girl

ポーチ（page 17）

● 仕上りサイズ　12 × 12cm

◎ DMC25番刺繍糸
　　733, 829, 932, 950, 3042, 3832, 3850 ─ 各1束

● 材料
　　表布：リネン（薄ピンク）　20 × 30cm
　　裏布：リネン（白）　20 × 65cm
　　幅1cmリボン　30cm ─ 2本
　　ミシン糸（薄ピンク）適量

● 作り方

1

表布の表に図案（p.64）を写し、刺繍をする。表布をアイロンで整えたら、裏に図の寸法で仕上り線を書き、4辺に縫い代1cmを足して裁つ。

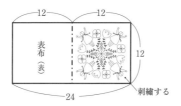

2

裏布は図の寸法で仕上り線を書き、周囲に縫い代1cmを足して裁つ。

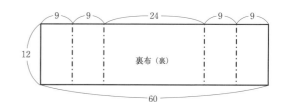

3

表布と裏布を図のように中表に合わせ、リボンをはさんでから縫う。

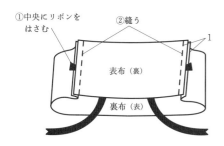

4

裏布を図のように左右を9cm幅で折りたたみ、返し口を残して、上下を縫い合わせる。

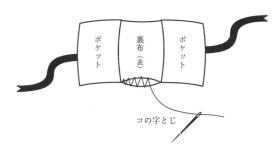

5

返し口から表に返し、アイロンで形を整えたら、返し口はコの字とじで縫いとじる。

ℛibbon

ギフトケース（page 19）

●仕上りサイズ　15 × 30cm

◎DMC25番刺繍糸
　01, 04, 150, 3687―各1束

●材料
　表布：リネン（黒）　20 × 40cm
　裏布：リネン（黒）　20 × 40cm
　幅1cmベルベットリボン（黒）　35cm―2本
　ミシン糸（黒）適量

●作り方

1

表布の表に図案（p.65）を写し、刺繍をする。表布をアイロンで整えたら、裏に図の寸法で仕上り線を書き、4辺に縫い代1cmを足して裁つ。裏布も同様に裁つ。

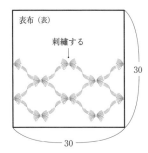

2

表布を中表に二つ折りにし、上から8cmの位置にリボンをはさみ込み、縫い合わせる。縫い代はアイロンで押さえて割る。裏布も返し口を残して同様に縫う。

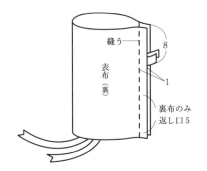

3

表袋を縫い目が中央にくるようにたたみ直し、底を縫い合わせる。裏袋も同様に縫う。

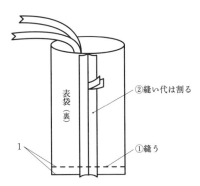

4

裏袋に表袋を入れて中表になるように合わせ、袋口をぐるりと縫う。

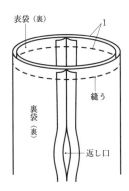

5

返し口から表に返し、アイロンで形を整えたら、返し口をコの字とじで縫いとじる。

Merry-go-round

横長ポーチ（page 21）

● 仕上りサイズ　20 × 13cm

◎ DMC25 番刺繍糸
224, 310, 501, 611, 645, 733, 932, 3865―各1束

● 材料
表布：リネン（青）　25 × 45cm
裏布1：リネン（青）　25 × 15cm
裏布2：リネン（白）　25 × 30cm
幅0.5cm ひも　6cm―1本
直径1.5cm ボタン―1個
ミシン糸（白）適量

● 作り方

1

表布の表に図案（p.66）を写し、刺繍をする。表布をアイロンで整えたら、裏に下図の寸法で仕上り線を書き、4辺に縫い代1cmを足して裁つ。

2

裏布は図の寸法で仕上り線を書き、4辺に縫い代1cmを足して裁つ。

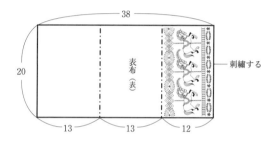

表布（表）　38　20　13　13　12　―刺繍する

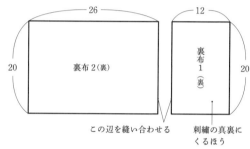

裏布2（裏）　26　20　裏布1（裏）　12　20
この辺を縫い合わせる　刺繍の真裏にくるほう

3

2の裏布を中表に合わせ、1辺を端から1cmの位置で縫い合わせる。縫い代をアイロンで押さえて割る。

4

1の表布と3の裏布を中表に合わせ、二つ折りにしたひもを、わを内側にしてはさみ込み、両脇を縫い合わせる。

5

4の片側を図のように内側に折り、返し口を残して上下を縫う。

6

返し口から表に返しアイロンで形を整えたら、返し口をコの字とじで縫いとじる。ボタンを縫いつける。

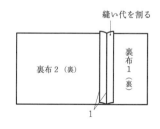

縫い代を割る　裏布2（裏）　裏布1（裏）　1

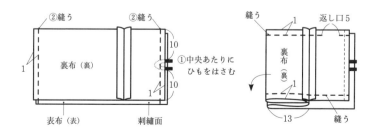

②縫う　②縫う　10　①中央あたりにひもをはさむ　1　裏布（裏）　10　1　表布（表）　刺繍面

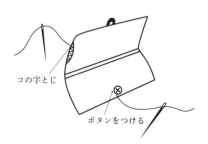

縫う　1　返し口5　裏布（裏）　13　縫う

コの字とじ　ボタンをつける

Soil and roots

プランターカバー（page 23）

●仕上りサイズ　縦 20 ×横 10 ×高さ 25cm

◎DMC25 番刺繍糸
310, 319, 502, 833, 986, 3033, 3363, 3790,
3865－各 1 束

●材料
表布：リネン（キャメル）　45 × 30cm
裏布：リネン（白）　45 × 30cm
ループ布：リネン（キャメル）　12 × 4cm
片面接着キルト芯（薄手、ソフトタイプ）
40 × 25cm
ミシン糸（キャメル）適量

●作り方

1
ループ布をアイロンで押さえながら四つ折りにし、片端にミシンステッチをかける。

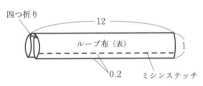

四つ折り
ループ布（表）
12
1
0.2
ミシンステッチ

2
表布の表に図案（p.67）を写し、刺繍をする。表布をアイロンで整えたら、裏に図の寸法で仕上り線を書き、周囲に縫い代 1cm を足して裁つ。裏布も同様に裁つ。

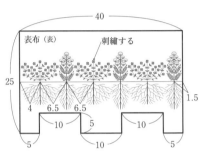

40
表布（表）　刺繍する
25
4　6.5　6.5　1.5
10　5　10
5　10　5

3
片面接着キルト芯を図の寸法で裁つ。表布の裏面に片面接着キルト芯の接着面を合わせ、当て布をしてからアイロンを上から押しあてるようにして接着する。

＊裏布にはキルト芯はつけません

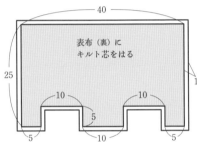

40
表布（裏）に
キルト芯をはる
25
1
10　10
5
5　10　5

4
3 のアイロンの熱が冷めるまでおき、キルト芯が完全に接着したら、表布を中表に二つ折りにし、縫い合わせる。裏布も返し口を残して同様に縫う。

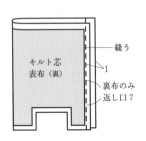

キルト芯
表布（裏）
縫う
1
裏布のみ
返し口 7

5
表布を縫い目が中央にくるよう折り直し、底を縫い合わせる。裏布も同様に縫う。

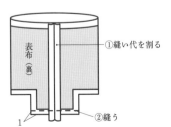

表布（裏）
①縫い代を割る
1
②縫う

6
表布の底面の縫い代をアイロンで押さえて割り、脇と底の端を重ね合わせて袋状に縫う。裏布も同様に縫う。

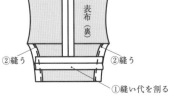

表布（裏）
②縫う
②縫う
①縫い代を割る

7
裏袋に表袋を入れて中表に重ね、二つ折りにしたループをはさみ込み、袋口をぐるりと縫う。返し口から表に返しアイロンで形を整えたら、返し口をコの字とじで縫いとじる。

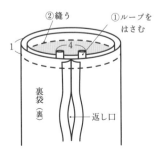

②縫う
①ループをはさむ
1
4
裏袋（裏）
返し口

Flower hexagon

コースター（page 25）

●仕上りサイズ　13.5 × 13.5cm

◎ DMC25 番刺繍糸
　310,319,832,986,3782―各1束

●材料
　表布：リネン（白）　20 × 20cm
　裏布：リネン（白）　20 × 20cm
　ミシン糸（白）　適量

●作り方

1

表布の表に図案（p.68）を写し、刺繍をする。表布をアイロンで整えたら裏に型紙線を書き、周囲に縫い代1cm を足して裁つ。裏布も同様に裁つ。

2

表布と裏布を中表に合わせ、返し口を残してぐるりと縫い合わせる。

3

返し口から表に返し、アイロンで形を整えたら、返し口はコの字とじで縫いとじる。

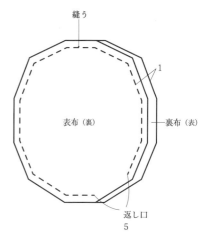

Circus

ハンガーカバー（page 27）

●仕上りサイズ　40 × 19cm

◎ DMC25 番刺繍糸
　310, 829, 950, 3865 ― 各 1 束

●材料
　表布：リネン（ナチュラル）　45 × 25cm ― 2 枚
　ミシン糸（ナチュラル）適量
　ハンガー ― 1 本
　タッセル：DMC25 番刺繍糸　ecru ― 2 束

●作り方

1

1 枚の表布の表に図案（実物大型紙 A 面）を写し、刺繍を
する（刺し方は p.69）。表布をアイロンで整えたら、裏に
型紙線を書き、周囲に縫い代 1cm を足して裁つ。もう 1
枚の表布も同様に裁つ。

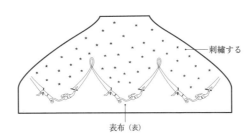

刺繍する

表布（表）

2

ハンガーのフックが出る上部の縫い代を三つ折りにし、
ミシンステッチをかける。もう 1 枚の表布も同様にする。

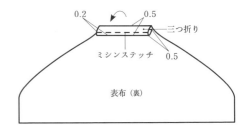

0.2　0.5
三つ折り
ミシンステッチ　0.5

表布（裏）

3

表布 2 枚を中表に合わせ、両脇を縫う。縫い代のカーブ
部分に切込みを入れる。

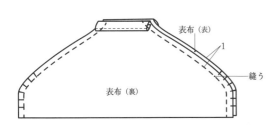

表布（表）
1
縫う
表布（裏）

4

表に返しアイロンで形を整える。底の縫い代を三つ折り
にし、折り端にぐるりとミシンステッチをかける。

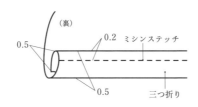

（裏）
0.5
0.2　ミシンステッチ
0.5
三つ折り

5

タッセルを 7 個作る（p.89 参照）。下部からハンガーを通
し、底辺の 7 か所にタッセルを縫いつける。

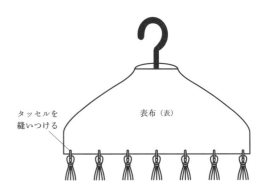

タッセルを
縫いつける
表布（表）

● タッセルの作り方

1

4cm の厚紙に刺繍糸を 20 回ほど巻きつける。別に
40cm ほどの糸を針に通しておく。

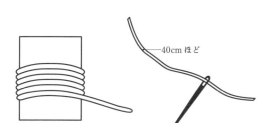

40cmほど

2

厚紙から糸をそっと外し、針に通した糸で 1 か所巻きと
める。

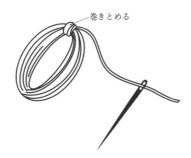

巻きとめる

3

2 をつけたい場所に縫いとめ、糸を切る。

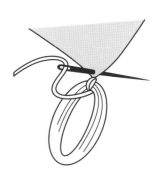

4

上から 0.5cm のあたりに再び糸を巻きとめる。

0.5

5

はさみで切り、糸を整える。

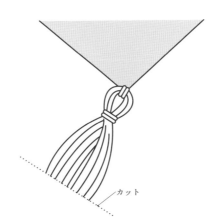

カット

Light

ミニポシェット（page 29）

● 仕上りサイズ　12 × 20cm

◎ DMC25 番刺繍糸
05,310―各1束

● 材料
表布：リネン（ダークグレー）　20 × 50cm
裏布：リネン（ダークグレー）　20 × 50cm
肩ひも布：リネン（ダークグレー）　75 × 3cm
片面接着キルト芯（薄手、ソフトタイプ）
12 × 40cm
幅1.5cm ひも（ダークグレー）　6cm―1本
直径1.5cm ボタン―1個
ミシン糸（ダークグレー）適量

● 作り方

1

肩ひも布をアイロンで押さえながら四つ折りにし、片端にミシンステッチをかける。

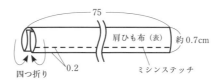

2

表布の表に図案（実物大型紙A面）を写し、刺繍をする（刺し方はp.70）。表布をアイロンで整えたら、裏に型紙線を書き、図のように同じ寸法の長方形をつなげて、4辺に縫い代1cmを足して裁つ。裏布も同様に裁つ。

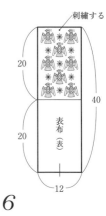

3

片面接着キルト芯を2の図の大きさで裁つ。表布の裏面に片面接着キルト芯の接着面を合わせ、当て布をしてからアイロンを上から押しあてるようにして接着する。

＊裏布にはキルト芯はつけません

4

3のアイロンの熱が冷めるまでおき、キルト芯が完全に接着したら、表布を中表に二つ折りにし、両脇を縫う。裏布は返し口を残して同様に縫う。

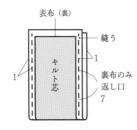

5

裏袋に表袋を入れて中表に重ね、ひもつけ位置に二つ折りにしたひもを、両端に1の肩ひもをはさみ込み、袋口をぐるりと縫う。

＊肩ひもの部分は数回返し縫いすると強度が増します

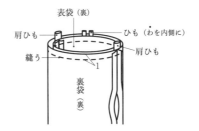

6

返し口から表に返しアイロンで形を整えたら、返し口をコの字とじで縫いとじる。袋口にボタンを縫いつける。

Wave

ミニクッション（page 31）

● 仕上りサイズ　35 × 25cm

◎ DMC25 番刺繍糸
　　ecru－3束

● 材料
　　表布：リネン（ネイビー）　40 × 30cm－2枚
　　ミシン糸（ネイビー）適量
　　手芸わた　130g くらい
　　タッセル：DMC25 番刺繍糸　939－2束

● 作り方

1

表布の1枚の表に図案（p.71）を写し、刺繍をする。表布をアイロンで整えたら、裏に図の寸法で仕上り線を書き、4辺に縫い代1cmを足して裁つ。もう1枚の表布も同様に裁つ。

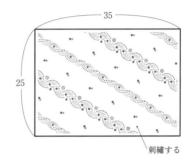

刺繍する

2

表布2枚を中表に合わせ、返し口を残してぐるりと縫い合わせる。

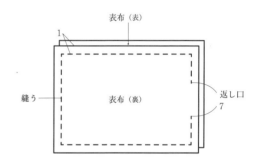

3

返し口から表に返し、アイロンで形を整えたら、返し口から手芸わたを入れる。

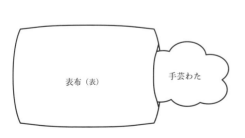

4

返し口をコの字とじで縫いとじる。タッセルを4個作り（p.89）、四隅にタッセルを縫いつける。

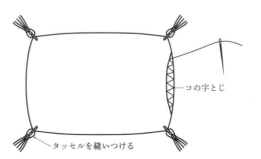

Houses

キーケース（page 33）

●仕上りサイズ　7 × 10cm（本体部分）

◎DMC25番刺繍糸
　310, 3866—各1束

●材料
　表布：リネン（キャメル）　20 × 25cm
　裏布：リネン（生成り）　15 × 25cm
　片面接着キルト芯（薄手、ソフトタイプ）　15 × 20cm
　幅0.3cm 革ひも　30cm—1本
　直径3cm キーホルダー用リング金具—1個
　ミシン糸（キャメル）適量

●作り方

1

表布の表に図案（実物大型紙A面）を写し、刺繍をする（刺し方はp.72）。表布をアイロンで整えたら、裏に型紙線を書き、周囲に縫い代1cmを足して裁つ。表布はもう1枚用意する。裏布も同様に2枚裁つ。

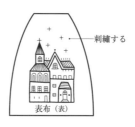

刺繍する

表布（表）

2

片面接着キルト芯を型紙線の大きさで2枚裁つ。表布の裏面に片面接着キルト芯の接着面を合わせ、当て布をしてからアイロンを上から押しあてるようにして接着する。表布はもう1枚同様にキルト芯をはる。

＊裏布にキルト芯はつけません

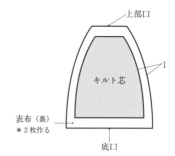

上部口

1

キルト芯

表布（裏）
＊2枚作る

底口

3

2のアイロンの熱が冷めるまでおき、キルト芯が完全に接着したら、表布を中表に合わせ、両脇を縫う。裏布も同様に縫う。縫い代は0.5cmほど残して切りそろえ、カーブの縫い代部分に切込みを入れる。

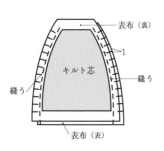

表布（裏）

1

縫う

縫う

表布（表）

4

表布と裏布の上部口の縫い代部分を開き、中表に合わせ、ぐるりと手縫いで縫い合わせる。

表布（裏）

縫う

キルト芯

裏布（裏）

縫い代を開く

5

表布を底口から表に返し形を整えたら、表布と裏布の底の縫い代を内側に折り込み重ね合わせ、まつり縫いで縫いとじる。

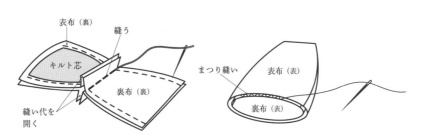

まつり縫い

表布（表）

裏布（表）

6

革ひもを二つ折りにし、わのほうにリングを結び、下から通す。革ひもの端をかた結びする。

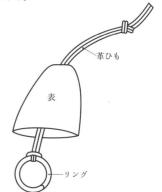

革ひも

表

リング

Road

ブックカバー＆しおり（page 35）

[ブックカバー]

● 仕上りサイズ　31 × 16cm

◎ DMC25 番刺繍糸
　823,840,918,3866 ─ 各 1 束

● 材料
　表布：リネン（生成り）　45 × 25cm
　裏布：リネン（白）　45 × 25cm
　幅 1cm リボン（生成り）　20cm ─ 1 本
　ミシン糸（生成り）適量

[しおり]

● 仕上りサイズ　6 × 11cm

◎ DMC25 番刺繍糸
　3866 ─ 1 束

● 材料
　表布（ネイビー）：15 × 20cm ─ 2 枚
　両面接着芯　10 × 15cm
　幅 0.5cm リボン（赤）　10cm ─ 1 本
　ミシン糸（ネイビー）適量
　仕上げのステッチ：DMC25 番刺繍糸
　823 ─ 1 束

● ブックカバーの作り方

1

表布の表に図案（p.73）を写し、刺繍をする。表布をアイロンで整えたら、図の寸法で仕上り線を書き、周囲に縫い代 1cm を足して裁つ。裏布も同様に裁つ。

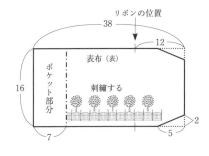

2

表布と裏布を中表に合わせ、ポケット側の辺を縫う。

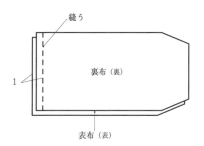

3

図の位置にリボンをはさみ込み、ポケット部分を内側に折り込む。返し口とポケット側を残して周囲を縫い合わせる。縫い代は 0.5cm ほど残して切りそろえ、角部分に切込みを入れる。

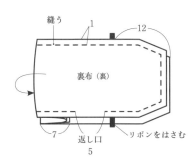

4

返し口から表に返し、アイロンで形を整えたら、返し口はコの字とじで縫いとじる。

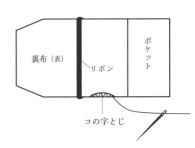

● しおりの作り方

1

表布の表に図案（p.73）を写し、刺繍をする。表布をアイロンで整えたら、裏に型紙線を書き、4 辺に縫い代 0.5cm を足して裁つ。もう 1 枚の表布と両面接着芯も同様に裁つ。

2

表布 2 枚の間に両面接着芯と、二つ折りにしたリボンをはさみ込み、アイロンで押さえて接着する。

3

仕上り線を布と同色の糸で縫う。

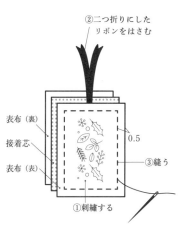

Crown

王冠（page 37）

● 仕上りサイズ　42 × 9cm（本体部分）

◎ DMC25 番刺繍糸
739, 833, 869, 895, 3346―各1束

● 材料
表布：リネン（生成り）　50 × 20cm―2枚
幅4cm リネンリボン（生成り）　50cm―2本
ミシン糸（生成り）適量

● 作り方

1

1枚の表布の表に図案（p.74）を写し、刺繍をする。表布をアイロンで整えたら、裏に型紙線を書き、周囲に縫い代1cmを足して裁つ。もう1枚の表布も同様に裁つ。

2

表布2枚を図のように中表に合わせ、両脇にリボンをはさみ込んだら、返し口を残してぐるりと縫い合わせる。縫い代は0.5cmほど残して切りそろえ、角部分には切込みを入れる。

3

返し口から表に返し、アイロンで形を整えたら、返し口はコの字とじで縫いとじる。

1

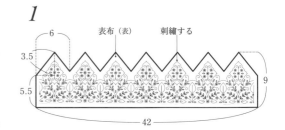

2

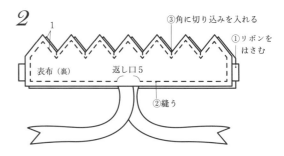

Blessed flower

つけ衿（page 39）

● 仕上りサイズ　衿ぐり 37cm

◎ DMC25 番刺繍糸
522, 600, 834, 904, 962, 986, 3755, 3847
3865―各1束

● 材料
表布：リネン（白）　40 × 20cm―2枚
幅1cm リボン（白）　30cm―2本
ミシン糸（白）適量

● 作り方

1

1枚の表布の表に図案（実物大型紙A面）を写し、刺繍をする（刺し方はp.75）。表布をアイロンで整えたら、裏に型紙線を書き、周囲に縫い代1cmを足して裁つ。もう1枚の表布も同様に裁つ。

2

表布2枚を中表に合わせ、図の位置にリボンをはさみ込み、返し口を残してぐるりと縫い合わせる。縫い代のカーブ部分に切込みを入れる。

3

返し口から表に返し、アイロンで形を整えたら、返し口はコの字とじで縫いとじる。

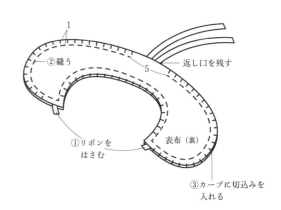

Eden

ショルダーバッグ（page 41）

● 仕上りサイズ　35 × 27cm（肩ひもは除く）

◎ DMC25番刺繍糸
　3033―約3束

● 材料
　表布：リネン（ピンク）　40 × 60cm
　裏布：リネン（生成り）　40 × 60cm
　肩ひも布：リネン（ピンク）　45 × 10cm
　リボン布：リネン（ピンク）　35 × 4cm―2枚
　ミシン糸（ピンク）適量

● 作り方

1

肩ひも布をアイロンで下図のように四つ折りにし、両端にミシンをかける。リボン布も同様に折り、片端にミシンをかける。リボンは2本作る。

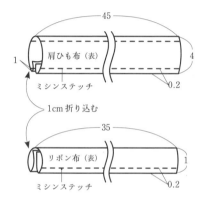

2

表布の表に図案（p.76）を写し、刺繍をする。表布をアイロンで整えたら、裏に図の寸法で仕上り線を書き、4辺に縫い代1cmを足して裁つ。裏布も同様に裁つ。

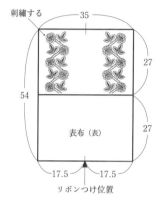

3

表布を中表に二つ折りにし、両脇を縫う。縫い代をアイロンで押さえて割る。裏布は返し口を残して同様に縫う。

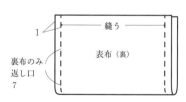

4

裏袋に表袋を入れて中表に重ね、両端に 1 の肩ひもを、袋口中央に 1 のリボンを、図のようにはさみ込んだら、袋口をぐるりと縫う。

＊肩ひもの部分は数回返し縫いすると強度が増します

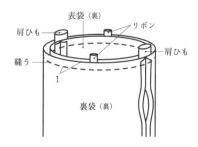

5

返し口から表に返しアイロンで形を整えたら、返し口はコの字とじで縫いとじる。

Flower scale pattern

巾着（page 43）

● 仕上りサイズ　23.5 × 31.5cm

◎ DMC25 番刺繍糸
　28, 223, 224, 500, 647, 3721, 3866 — 各 1 束

● 材料
　表布：リネン（白）　30 × 70cm
　裏布：リネン（薄グレー）　30 × 60cm
　ひも通し部分布：リネン（白）　25 × 15cm
　幅 1cm ひも（白）　50cm — 2 本
　ミシン糸（白）　適量

● 作り方

1

ひも通し部分布は、4辺に縫い代 1cm を足して 2 枚裁つ。短辺の両端の縫い代を折り、ミシンステッチをかけ、さらに二つ折りにする。

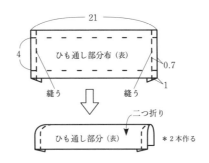

2

1 枚の表布の表に図案（実物大型紙 B 面）を写し、刺繍をする（刺し方は p77）。表布をアイロンで整えたら、裏に型紙線を書き、周囲に縫い代 1cm を足して裁つ。表布はもう 1 枚用意する。

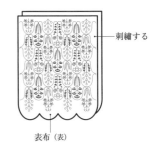

3

裏布の裏に図の寸法を書き、4辺に縫い代 1cm を足して裁つ。中表に二つ折りにしたら、返し口を残して両脇を縫う。

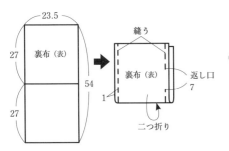

4

2 の表布を中表に合わせて、袋口を残して周囲を縫い合わせる。カーブの縫い代部分に切込みを入れる。

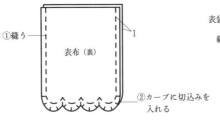

5

3 の裏袋に表袋を入れて中表に合わせ、間に 1 のひも通し部分 2 枚をそれぞれ、わを下向きにしてはさみ込んだら、袋口をぐるりと縫う。

＊数回返し縫いをすると、強度が増します

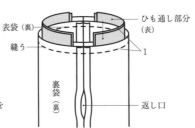

6

返し口から表に返し、アイロンで形を整えたら、返し口はコの字とじで縫いとじる。ひも通し部分に左右からそれぞれひもを通し、端を結ぶ。

Four seasons flower

布の箱（page 45）

● 仕上りサイズ　縦 9 × 横 9 × 高さ 4.5cm

◎ DMC25 番刺繍糸
　　501, 502, 554, 739, 832, 931, 3755, 3866─各 1 束

● 材料
　　表布ふた用：リネン（ダークグリーン）　30 × 30cm
　　裏布ふた用：リネン（グリーン）　25 × 25cm
　　表布身箱用：リネン（ダークグリーン）　30 × 30cm
　　裏布身箱用：リネン（グリーン）　25 × 25cm
　　片面接着キルト芯（薄手、ソフトタイプ）20 × 40cm
　　ミシン糸（グリーン）適量

● 作り方

1

表布ふた用の表面に図案（実物大型紙 B 面）を写し、刺繍をする（刺し方は p.75）。アイロンで整えたら、裏に型紙線を書き、周囲に縫い代 1cm を足して裁つ。裏布ふた用も同様に裁つ。

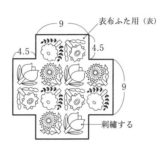

2

表布身箱用の裏に図の寸法を書き、周囲に縫い代 1cm を足して裁つ。裏布身箱用も同様に裁つ。

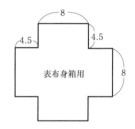

3

キルト芯を 1 と 2 の大きさにそれぞれ 1 枚ずつ裁つ。表布ふた用と表布身箱用の裏面に片面接着キルト芯の接着面を合わせ、当て布をしてからアイロンを上から押しあてるようにして接着する。

＊裏布にはキルト芯はつけません

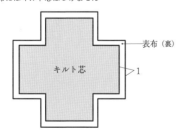

4

3 のアイロンの熱が冷めるまでおき、キルト芯が完全に接着したら表布の短辺どうしを縫い合わせ、箱の形状にする。裏布も同様に縫う。ふた用と身箱用それぞれ同様に縫う。

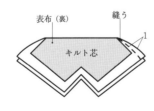

5

裏布に表布を入れて中表に重ね、返し口を残してぐるりと縫う。ふた用と身箱用共にそれぞれ縫い合わせる。

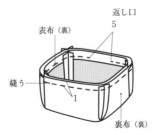

6

返し口から表に返しアイロンで形を整えたら、返し口はコの字とじで縫いとじる。

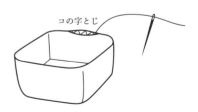

Ivy

ブレスレット（page 47）

● 仕上りサイズ　17 × 5.5cm

◎ DMC25番刺繍糸
　　610−1束

● 材料
　　表布：リネン（黒）　25 × 15cm—2枚
　　片面接着キルト芯（薄手、ソフトタイプ）　17 × 5.5cm
　　幅0.5cm ひも（黒）　6cm—1本
　　直径1.5cmのボタン—1個
　　ミシン糸（黒）　適量

●作り方

1

1枚の表布の表に図案（p.78）を写し、刺繍をする。表布をアイロンで整えたら、裏に型紙線を書き、4辺に縫い代1cmを足して裁つ。もう1枚の表布も同様に裁つ。

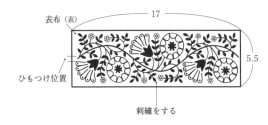

2

表布2枚を中表に合わせ、ひもつけ位置に二つ折りにしたひもを、わを内側にはさみ込み、返し口を残してぐるりと縫い合わせる。片面接着キルト芯の接着面を刺繍位置の裏にのせ、当て布をしたらアイロンを上から押しあてるようにして接着する。

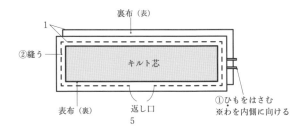

3

2のアイロンの熱が冷めるまでおき、キルト芯が完全に接着したら、縫い代は0.5cmほど残して切りそろえ、返し口から表に返す。再びアイロンで形を整えたら、返し口はコの字とじで縫いとじる。

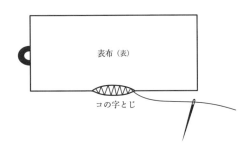

4

表布にボタンを縫いつける。

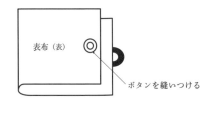

The trees

山形ティーコーゼ（page 49）

●仕上りサイズ　31×21cm

◎DMC25番刺繍糸
3024－3束

●材料
表布：リネン（ダークグリーン）　40×60cm
裏布：キルティング地（生成り）　40×60cm
ループ布：リネン（ダークグリーン）　10×4cm
ミシン糸（ダークグリーン）　適量

●作り方

1

ループ布をアイロンで押さえながら四つ折りにし、片端にミシンステッチをかける。

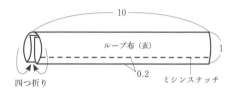

10
ループ布（表）
1
0.2
四つ折り　　ミシンステッチ

2

1枚の表布の表に図案（実物大型紙B面）を写し、刺繍をする（刺し方は p.79）。表布をアイロンで整えたら、裏に型紙線を書き、周囲に縫い代1cmを足して裁つ。表布はもう1枚用意する。裏布も同様に2枚裁つ。

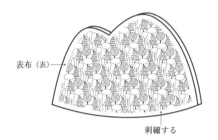

表布（表）

刺繍する

3

2の表布を中表に合わせて、ループつけ位置に1の二つ折りにしたループを、わを内側に向けてはさみ込み、底辺を残して周囲を縫い合わせる。縫い代は0.5cmほど残して切りそろえ、カーブの縫い代部分に切込みを入れる。裏布も脇に返し口を残して同様に縫う。
＊p.82の3を参考にしてください

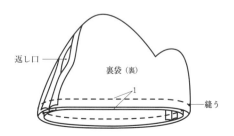

1
③カーブに切込みを入れる
裏布のみ返し口
②縫う
表布（裏）
①ループをわを内側にしてはさむ
3.5
7

4

3の裏袋に表袋を入れて中表に合わせ、底辺をぐるりと縫う。

返し口
裏袋（裏）
1
縫う

5

返し口から表に返し、アイロンで形を整えたら、返し口はコの字とじで縫いとじる。

Chicken and egg
ミニバスケット（page 51）

●仕上りサイズ　直径 10 × 高さ 5cm

◎DMC 25 番刺繍糸
　310, 520, 646, 733, 919, 3865 — 各 1 束

●材料
　表布：リネン（グレー）　50 × 20cm
　裏布：リネン（グレー）　50 × 20cm
　持ち手：リネン（グレー）　12 × 4cm — 2 枚
　片面接着キルト芯（薄手、ソフトタイプ）　40 × 20cm
　ミシン糸（グレー）適量

●作り方

1
持ち手布をアイロンで押さえながら四つ折りにし、片端にミシンステッチをかける。これを 2 本作る。

2
表布の表に図案（実物大型紙 B 面）を写し、刺繍をする（刺し方は p.80）。表布をアイロンで整えたら、裏に型紙線を書き、4 辺に縫い代 1cm を足して裁つ。裏布も同様に裁つ。底面も表と裏 1 枚ずつ裁つ。

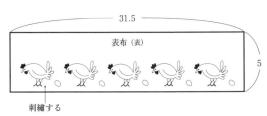

3
片面接着キルト芯を図の寸法で裁つ。表布の裏面に片面接着キルト芯の接着面を合わせ、当て布をしたらアイロンを上から押しあてるようにして接着する。表布の底面も同様にキルト芯をはる。
＊裏布にキルト芯はつけません

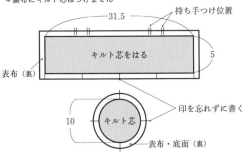

4
3 のアイロンの熱が冷めるまでおき、キルト芯が完全に接着したら、表布を中表に二つ折りにし、脇を縫う。裏布も同様に縫う。

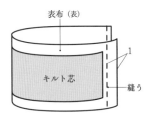

5
4 の表布に 3 の底面を中表に合わせ、細かくまち針でとめて縫い合わせる。縫い代は 0.5cm ほど残して切りそろえ、カーブの縫い代部分に切込みを入れる。裏布も同様に縫う。
＊底を縫うときは、しつけ縫いをするとずれにくいです

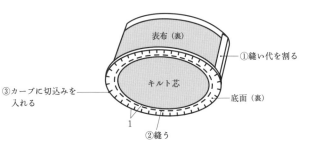

6

裏袋に表袋を入れて中表に重ね合わせ、持ち手つけ位置
に二つ折りにした持ち手布をそれぞれはさみ、返し口を
残して上部をぐるりと1周縫う。

7

返し口から表に返しアイロンで形を整えたら、返し口は
コの字とじで縫いとじる。

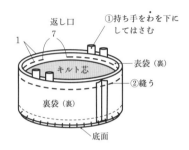

返し口
7

①持ち手をわを下に
してはさむ

表袋（裏）

②縫う

キルト芯

裏袋（裏）

底面

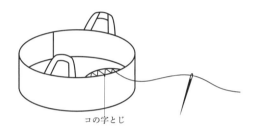

コの字とじ

One line flowers

センターテーブルクロス（page 3）

●仕上りサイズ　58 × 15cm

◎ DMC25 番刺繍糸
3777―約3束

●材料
表布：リネン（生成り）　65 × 20cm―2枚
ミシン糸（生成り）　適量

●作り方

1

表布の表に図案（実物大型紙B面）を写し、刺繍をする。表布をアイ
ロンで整えたら、裏に図の寸法で仕上り線を書き、4辺に縫い代
1cm を足して裁つ。もう1枚の表布も同様に裁つ。

2

表布2枚を中表に合わせ、返し口7cm をあけてぐるりと縫い合わせ
る。

3

返し口から表に返し、アイロンで形を整えたら、返し口はコの字と
じで縫いとじる。

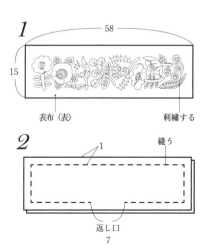

1

58

15

表布（表）　　　　　　　刺繍する

2

1

縫う

返し口
7

樋口愉美子（ひぐち・ゆみこ）

1975年生れ。多摩美術大学卒業後、ハンドメードバッグデザイナーとして活動。作品販売や作品展を行なった後、2008年より刺繍作家としての活動を開始する。植物や昆虫など生物をモチーフにしたオリジナル刺繍を制作発表している。主な著書に『1色刺繍と小さな雑貨』『2色で楽しむ刺繍生活』『樋口愉美子のステッチ12か月』『刺繍とがま口』『樋口愉美子の刺繍時間』『樋口愉美子の動物刺繍』『樋口愉美子 季節のステッチ』『樋口愉美子 暮しの刺繍』（すべて文化出版局）。
https://yumikohiguchi.com/

〈材料協力〉　リネンバード
東京都世田谷区玉川3-12-11　Tel. 03-5797-5517
http://www.linenbird.com/

DMC　Tel. 03-5296-7831
http://www.dmc.com

〈撮影協力〉　AWABEES　Tel. 03-5786-1600

ブックデザイン　関 宙明（ミスター・ユニバース）
撮影　新居明子
スタイリング　前田かおり
ヘアメイク　KOMAKI（nomadica）
モデル　Cailyn Nelson, Sofia Gheorghiu（Sugar&Spice）
トレース＆DTP　藤城義絵
校閲　向井雅子
編集　土屋まり子（スリーシーズン）
　　　田中 薫（文化出版局）

樋口愉美子 つながる刺繍

2021年12月26日　第1刷発行
2024年9月30日　第4刷発行

著　者　樋口愉美子
発行者　清木孝悦
発行所　学校法人文化学園 文化出版局
　　　　〒151-8524 東京都渋谷区代々木3-22-1
電　話　03-3299-2485（編集）
　　　　03-3299-2540（営業）
印刷・製本所 株式会社文化カラー印刷
ⓒ Yumiko Higuchi 2021　Printed in Japan